JN418681

붕어빵 아줌마

삶과문학 시인선 · 05

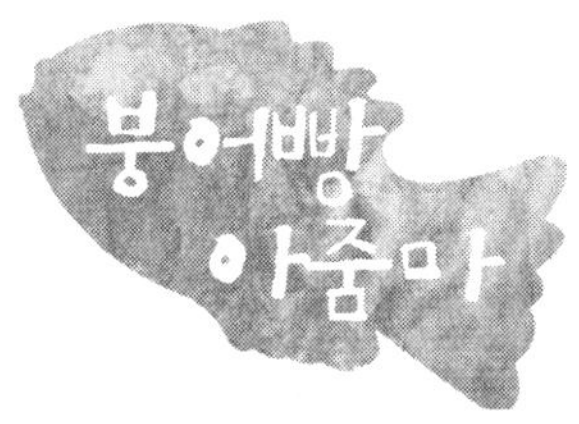

붕어빵 아줌마

한 명 숙 시집

우리책

삶과문학 시인선 · 05

붕어빵 아줌마

초판인쇄 · 2012년 9월 20일
초판발행 · 2012년 9월 30일

지은이 · 한명숙
대　표 · 김남석
펴낸이 · 김정옥
발행처 · 우리책
등록 · 2002년 10월 7일(제2~36119호)
주소 · 서울시 강남구 일원동 640-4
전화 · 02-757-6711
전송 · 02-775-8043

책값은 뒤표지에 있습니다.

ISBN 978-89-90392-42-8 03810

시인의 말

시가 있어 참 다행이다.
지칠 것 같은 시대와 삶의 통증이 몰려와도
쓰러지지 않고 너는 그 자리에 서 있다.

시는 나에게 희망을 주는 길이다. 나는 아직도 꿈을 꾼다. 그 꿈은 색깔도 모습도 많이 바뀌었다. 무엇이 되고 싶다는 목표를 정해 놓은 것이 아니라 살아가는 동안 내가 좋아하고 내게 위안이 될 수 있는 일을 하고 싶은 것이다.

시를 쓰는 일은 부족한 내 모습까지도 사랑하게 하고 행복하게 해주는 또 다른 나의 모습이다. 살다보면 큰 어려움을 한두 번 겪어보지 않는 사람은 없을 것이다. 내게도 그런 일은 비껴가지 않았다. 그런 아픔의 시간을 잘 견뎌낼 수 있었던 것은 시의 힘이라고 말할 수 있을 것 같다.

시를 읽고 쓰다보면 아파하는 내 모습도 사랑스럽다. 슬픔조차도 나를 응원할 것 같은 믿음이 들 정도로 나에게 의미 있는 존재다. 지금이 아니면 안 될 것이라는 생각이 들었다. 망설이다 용기를 내어 세 번째 시집을 엮는다.

보이지 않는 곳에서 지켜봐주시는 스승님들이 계셔서

외롭지 않았다. 늘 응원하는 친구들에게 고마운 마음을 전하며, 언제나 내 편인 가족에게 사랑한다는 말을 하고 싶다. 부족함이 많음을 알면서도 내가 열심히 살아가고 있다는 것을 아이들에게도 보여주고 싶었다.

평범하지만 열심히 살아가는 사람들의 진솔한 이야기 속에서 꿈이 빛으로 승화하는 그런 글을 쓰고 싶다. 스스로에게 더 나은 모습을 꿈꾸며 이 가을 많은 사람과 행복해지고 싶은 욕심을 가져본다.

2011년 10월

수리산에서 한명숙

붕어빵 아줌마

차례

제2부

제3부

제4부

1부

편백나무 숲길

송광사 숲길을 걷는다
걸음마다 묻어나는
삶의 핏줄이
편백나무 잎맥 따라 흔들린다

알아도 알지 못한 너처럼
내가 나를 알지 못하는 삶은
늘 허기가 되어 울음 운다

숲 속 숨소리가
거칠게 들리다가 이내 잠잠하다
내가 네게로 향하는 마음을 접었던 날처럼
가슴은 멍이 들었다

섞인다,
스스로 꺾이지 않는
나무의 숨소리를 나는 꺾는다
몇 날 며칠을 품어야
이 허기진 마음이 위로받을까

옹이

천 년을 지켜선 자리
바람소리 잠재우며
태초의 신비도 이승의 고단함도
한갓 바람 소리였음을 말하고 싶은가

산길 돌고 돌아
발걸음 소리조차 부끄러워 소리 없이 걷는다
세월의 무상함도 말하지 않고
몸으로 보여주는 당신을 바라본다

차마 손 내밀지 못하고
바라보다, 바라보다
가슴 가득 차오르는
무엇이 명치끝을 짓누른다

그래 다 안다, 내가 다 안다
등 쓰다듬어주는 당신 말씀 바람결에 들으며
산길 돌아오는 길
살아온 세월만큼 온몸 옹이로 다져진 노송의
배웅을 받는다

송곳

세월이 지나면 무뎌진다고
믿었던 것들이
어느 순간 불쑥 뛰쳐나와
시퍼런 칼날이 되어
사정없이 쑤셔댄다는 것을

젊은 날, 내려놓은 것들이
죽은 듯 숨죽이다가
고장 난 기계처럼
굳어진 몸과 마음을 흔들어
아프게 못질을 하고

바람결에 떠나보낸 마음인데도
꿈속을 느나들며 손끝을 저리게 하여
비명주차 입 밖에 낼 수 없다

가슴에 품었던 것이 끝내 떠나지 못하고
가시처럼 박혀 있었던 것일까
그날처럼 아픔이
길을 막고 보내주지 않는다

정전

전화벨이 새벽을 두들겨 깨운다
꿈속 해후에 행복했던 마음은
두려움에 떨어야 했다
뒷모습을 보이며 달아나는
너를 붙잡지 못하고
꿈이 아니기를
간절히 기도하지만
낯선 흑백사진 한 장으로 울고 있다

사진 속 여인의 웃음은
환하게 나부끼는 벚꽃을 닮았다
아니 한 그루 벚꽃 나무처럼
그녀는 사진 속에 서 있었다
까마득한 시간을 거슬러
그때 하던 말을 기억하려고
안간힘을 써보지만 이미 전선은 끊어지고
전류가 흐르지 않는 세상이 되어 버렸다

거실엔 낡은 기억만 뒹굴었다

팔공산을 오르며

팔공산 갓바위를 오른다
가쁜 숨을 고르며
가파른 돌계단을 오르는 동안
금방이라도 숨이 멎을 것 같다

팔팔하게 올라가고 싶은 마음
노랗게 물들어 흔들리고,
흔들리는 동안
갓바위 부처님은 지그시 눈을 감고 내려다본다
오만 가지 생각 다 버리고
빈 마음으로 오르라고,

팔공산 갓바위에 올라시면 만사형통!
가슴 깊숙한 곳에 감춘 소망
해결해 줄 거라는 바람,
쇳덩이가 되어 발목을 휘어잡고 있다

감자

검은 눈물이었다
밤낮 손톱 밑에 까맣게 물들이고
환영받지 못하면서도
가슴팍 내보이며
노릇노릇 제 몸 익혀
철모르는 가슴에
세상 부러울 것 없는 순간을 나눠주었다

고사리 손이 퉁퉁 불었어도
한사코 놋숟가락 쥐게 했던 시절
일기장 귀퉁이에 쓴
감자 먹기 싫어, 가난도 싫어
아들이 좋아하는 감자를 삶으면서
어린 가슴을 애타게 한 기억이
가슴이 먹먹하다

때가 되면 알게 되는 것을
알게 되는 날에는
돌아갈 수 없고

지울 수도 없다
뽀얀 분이 나는 감자를 먹으며
목이 메인다

생각만 하다가

벌집 무늬로 시작한 하루하루는
생각만 하다가
수북하게 쌓아올린 시간이 뒹군다
뒹구는 시간을 베고 누워
잠결에서 만난 세상은 어지럽다

어수선한 거리
휘청거리는 사람들
성난 눈길이 부딪히고
고함소리가 골목을 어지럽힌다
살아가는 동안 피하고 싶은 모습들이
그곳에 모여 있었다
고개 들 수 없는 작은 천장이 있는 부엌에서
손님 맞을 준비를 하고
수돗물은 잠구어도 콸콸 쏟아진다
반찬은 모두 한물 간 것들뿐이었다
숨쉬기조차 힘들다

아, 비명을 지를 힘조차 없다

삶이 헝클어진 꿈이라면
깨어나면 그뿐이지만
꿈이 아닌 생각은 꼬리를 잡고 달린다
생각만 하다가 날이 가고 달이 간다

물소리

숨죽여 울 수
없을 때
가슴으로 밀어 넣은 슬픔이
강물 되어 흐르며
우리는 만나게 될까

슬픔도 행복처럼
빛이 되는 때가 있음을
알게 되는 나이가 되면서
우리는 물처럼 흘러갈까

너와 내가 만나
달빛처럼 환하게 웃으며
함께하던 시간이
세월이 흐르면 또
하나가 될까

기쁨의 몸으로
태어나기 위해

슬픔의 옷을 입을 때
누군가 어깨를 다독여준다면
슬픔도 꽃처럼 피어날까

물소리도 친구가 될까

셋방 사는 남자

"한 이 년 사우디 갔다 오믄 돼유."
"뭔 걱정이셔유. 걱정 말어유."
"한밑천 벌어 와서 칼국시 장사라도 하믄서 잘 살 거여유"

얼굴이 벌겋게 그을린 사내 속없이 웃었다
오다가다 술집에서 만난 여자와 셋방에 들어
한 살림 차린 사내, 불면 날아갈 듯한
피붙이 아들 하나 사십 줄에 얻고
그 여자 술 담배 화투에 날아간 재산
동네방네 입방아 오르는 거 싫다 작심하고
열사의 나라 사우디로 떠났다

바늘구멍도 들어갈 틈 주지 않고
모래바람과 맞바꾼 사내의 피눈물
퀭한 눈두렁 시퍼런 샤도우로 감춘 여자는
손가락이 잘려도 버리지 못한다는 화투판에서
사내의 사랑을 물거품처럼 흘려보내고
빚더미만 높이높이 쌓아 올렸다

사내는 또 한 번 사막을 향해 짐을 꾸렸다
평생 면하지 못할 셋방살이보다
버릴 수도 피할 수도 없는
마누라와 피붙이 잘 부탁한다며 떠났다

이십 년 만에 머리가 허옇게 센 사내를 만났다
사내에겐 화상 자국 같은 마누라도 자식도
영원한 셋방이었을까,
혼자가 되었다는 사내, 여전히 막걸리 한 사발에
고마워 절절매는 순수함에 목이 메인다
박물관 어느 귀퉁이에서나 만날 수 있는
사내의 오래된 웃음이 시리다

붕어빵 아줌마

굴 딱지처럼 다닥다닥 붙은
12평 임대 아파트에 사는 그녀
다섯 식구 다리 펴고 누울 수도 없다며
낡은 리어카에 비닐천막 치고
쩍쩍 갈라진 손등으로 콧물 닦으며
붕어빵을 구웠다

오가며 나누던 삶의 애환이
팥고물처럼 익어갔다
어눌한 말씨에 안 보면 궁금했다
실업고 다니는 큰딸이 공부를 잘하고 착하다며
주근깨마저도 빛이 나던 붕어빵 아줌마
큰딸이 드디어 취직되었다며
흘러간 노래를 흥얼거리며
붕어빵 한 봉지를 내밀었다

황금 잉어빵 급물살 탈 때
찹쌀 붕어빵 구우며 살짝 화장도 하더니
서너 번 겨울이 지나고

마을버스 뒷자리에서 만난 그녀
어느 새 머리에 듬성듬성 서리가 내리고
안 보는 사이에 신수가 훤해졌다
붕어빵 리어카 대신 갓난아이 업고 아는 척한다
취직해서 돈 벌면 집도 사주고
엄마 호강시켜준다던 큰딸,
덜컥 시집을 가서 아이 낳았다며 웃는다

"몇 시에 올 거니? 저녁에 뭐해 먹을까?"
직장 다니는 딸의 전화라며 웃는 그녀
마을버스 안이 환하다

체벌금지

사람답기는 틀렸나 보다
마지막 삼십 분을 참지 못했다

틈만 나면 농담이나 하려고
눈빛 굴리는 아이들, 되레 선생의
인내심을 시험하려 든다
웃으며 조근조근 설명해도
못 들은 척 제 이야기만 하며
다른 사람 말은 들으려 하지 않는다
도깨비시장이 따로없다
큰소리로 혼을 내도
아이들의 귀는 이미 먹통이 되었다

장난처럼 부모님도 담임선생님도 그러려니 한단다
우리를 때리면 선생님 끌려가잖아요
담임선생님도 우리에게 어쩌지 못하는 걸요
무척 자랑스러운 모양이다
부모는 무엇을 가르치고 있는 걸까
그냥 선생님이 인성교육을 해달란다

아이들은 점점 막막한 들판을 달려간다

어느 새의 일기

누군가에게 상처 준 일이 없어요
다만 그들이 아파할 때도
그들의 눈에는 자유롭게 하늘을 나는
호사를 누린다고 보였을 테지요
하지만 산다는 건 그렇잖아요
눈에 보이는 것만 전부가 아니라는 거
우리는 알고 있잖아요

높이 나는 새가 멀리 보고,
일찍 깨는 새가 먹이를 찾는다죠
그러나 세상인심은 그렇지 못하죠
내가 아플 때 상처가 크게 보이고 쓰라린 거죠
상대를 배려한다고 하지만
어쩌면 내가 아파하기 싫어서
단단한 천막을 치는 것인지도 모르죠
친구들이 주검으로 돌아설 때도 몰랐죠
나도 그들의 뒤를 따라가게 될 줄은

생각하고 싶지 않았어요

새벽이 밝아오기 전
질주하는 차들이 나를 향해
빨건 불빛을 쏘아대며 달릴 것이라는 걸
그래요, 우리가 생각지 않았던 일들은
어느 순간 눈앞에 나타나 손발을 꽁꽁 묶어버리죠
당신과 나의 삶이 한순간 바람처럼
사라지게 될지도 모르죠

이게 뭐냐고

이게 뭐냐고?
누군가에게 따지고 싶은 날이 있다.
살아가면서 스스로에게 잘했다고
칭찬하고 싶었던 일들이
문득 칼날이 되어 돌아오는 날
핏줄 드러내어 변명이라도 하고 싶다

어느새 서로를 향한 믿음은
과거가 되어버리고 의심의 눈빛을 숨기는
우리가 되어가고 있다
이만큼이면 하는 마음을 미리 읽고
잘했다고 토닥여주는 우리가 아닌
이것 봐라, 네가 어떻게 그럴 수가!
서로를 향한 불신과 원망이
눈밭처럼 쌓인다

가슴을 짓누르는 것들이 목덜미를 뒤틀며
머리를, 명치끝을 쑤셔댄다
어디 해볼 테면 해봐,

오기를 부리다가도 이내 주눅이 들어
등 돌리고 앉아 한숨을 몰아쉬는 날
너는 내게, 나는 네게
변명을 늘어놓을 것이다

그게 아니라고, 그럴 생각이 아니었다고

돌아본다

길을 걷다 문득 뒤를 돌아본다
모르는 사람들이 따라온다
아니 어쩌면 그들은 내가 오래전부터
알고 지내던 사람들이었는지도 모른다
하지만 그들도 나도
서로가 기억하지 못하는 지난날이 있다는 것을
모르고 있을 뿐이리라
보고싶은 마음이 모여 그리움이 되는 것처럼
막연히 내 안에 자리 잡은 두려움으로
병들어 가고 있다
무엇을, 어떻게, 그런 말들을 꺼내다가 슬그머니
덮어버리는 날이다
머릿속이 텅 빈 시간을 보내면서 가슴은
숯처럼 타들어가고
세상은 여전히 시끄러워졌다
세상과 멀어지고 있다는 것을
인정하고 싶지 않은 날들이 그림자처럼
나를 따라오고 있다

밀어내기

세상 이치가 뒤집히는
허망한 말을 쏟아 붓는 입담
사람들은 그의 말이 옳지 않다는 것을 안다
그러나 선뜻 나서서 아니라고 말하지 못한다

요란한 명함을 등에 업고
그의 말들은 늘 앞서 달린다
거짓과 위선으로 포장한 그의 양심은
온몸으로 살아가는
서민들의 삶을 비웃으며 번쩍인다

목젖으로 차오르는 분노를 억누르며
가진 것이라곤
때 묻지 않은 양심과 성실함으로
묵묵히 살아가는 우리 어깨를
틈만 나면 밟고 올라설 기회만 노리는
그들의 밀어내기는 속수무책이다

너의 자리 나의 자리

춘삼월에 계절도 잊은 듯
연일 눈이 내린다.
사람도 제자리를 잃고 헤매는데
날씨라고 온전할까,
물건이나 사람이나 세상에 존재하는 동안
제자리를 지키는 일은 아름다운데

내 자리는 어느 곳이고
상대 자리는 어디인지
분간하기 어려운 세상이다
어른도 아이도 자신의 뜻만 앞세우고
옳고 그름을 따지는 기준조차 모호한
떠돌아다니는 신세가 되었다
누가 잘못을 저질렀을까
누가 책임을 질 수 있을까

세상은 자리를 지키려는 자들과
자리를 잃은 자들이 뒤엉켜 소란스럽다
민망한 일들이 날마다

새순처럼 자라나는 세상에
제자리를 지키기란 아득한 미로

가구

아파트 쓰레기통 옆,
눈 부신 햇살 아래 널브러진 생이 있다
기회만 주어진다면 벌떡 일어나
조용히 제 몫을 해낼 수 있어도
누구 한 사람 거들떠보지 않는다.
서투른 신접살림 든든하게 받쳐주던
튼튼한 다리도 차츰 기울고
어설픈 손길에도 불평 없이 받아주던 가슴엔
불두덩처럼 생긴 상처만 남아 있다
눈물도 웃음도 다 품어 덮어주던
기억 놓지 못하고
가슴 한복판에 주홍글씨처럼
수거용 스티커를 붙이고 바라본다.
반지하 단칸방
큰집 조카 더불어 산 2년
그 시절 허기를 알고 있는지
지나는 발길 붙잡아 눈물이 고인다

너를 보내도

많은 일을
가슴을 치며
털어내고

때로는 보고싶어
목이 메어도
뒷길에 버려둔 채

마음도
몸도
안으로 놀놀 말았나

무겁게 짓누르던
너를 보내고
시간은 멈추지 않았고

온몸이 울어도
그리움으로 젖어도
조용히 눈을 감았다

꿈을 꾼다
관곡지
꼬마시인
심부름
도마 · 2
채찍
요놈, 요놈
동동구루무
사랑
시가 있는 풍경
몸살
석남사
산을 오른다
그리움
그리움 · 2
아마도
옥계휴게소
통증 · 1
통증 · 2
가시

꿈을 꾼다

알면서도
망설이다,
망설이다가
반성을 밥 먹듯 하며

사는 동안
닿을 듯 말 듯
그대는 그렇게
내게 거리를 두고
간다,
사라져간다

빈 마음자리
오늘이 가면 잊혀질 사랑
사랑도 이별도 하나인 것을,
알면서도 꿈을 꾼다
사랑!

꽃불이 번지는 불갑사
잠든 네 마음 일으켜 세운다

관곡지

햇살 만지작거리며
초록이 물들어간다
일상에 지친 마음 보듬는
연꽃향기 바람을 타고 날아간다
잠시 걸터앉은 원두막
홍련의 자태에 마음을 내주고
어제 묻었던 근심걱정
자취를 찾을 수 없다

노스승은 어린 제자 내외에게
따뜻한 점심을 마련해주시고
당신이 대접받는다 좋아하신다
아름다운 풍경에 젖으면
마음도 몸도
한 송이 꽃으로 피어나는가,

벽련, 홍련, 수련
하나의 얼굴로 반겨주는 관곡지엔
만나는 사람마다 보살이 되는가,

모두가 꽃이 된다
연꽃으로 피어난다

꼬마시인

나뭇가지에 걸린 물방울을 보고
아름다워 눈물이 날 것 같다는
열한 살 민경이
한 줄 한 줄 풀어놓는 눈빛에
시의 날개가 보인다
생각마다 숨결을 불어넣으며
멈출 줄 모르는 미소는
보청기 꽂은 두 귀를 아름답게 한다

선생님이 시인이라서 좋아요
선생님을 만나서 좋아요
선생님 사랑해요

만날 때마다 내미는 원고지에
별빛 같은 詩情이 자란다

꼬마시인이여,
너의 영혼이
시의 날개를 달고 훨훨 날아오를 것이다

심부름

나무다리를 지나
시장통을 기웃거리며
이일은 이, 이삼은 육, 이사 팔
구구단을 다 외울 즈음이면
들큼한 막걸리 냄새로 반기는 양조장

노란 주전자 가득 담아준 막걸리
나무다리를 건너면
손가락 두어 마디쯤 줄어들었다
눈앞에 보이는 초가집 마당
바람에 흔들리는 빨랫줄에 바지랑대
발그레한 내 얼굴을 보았는지
얼 레리 꼴 레리
구멍 난 내 양말을 흔들어대곤 하였다

마음이 허한 날이면
꿈속으로 달려가
아버지 심부름을 간다

도마 · 2

집안이 조용해졌어요.
툭하면 나를 두들겨 패던 사람들이
한마디 말도 없이 사라졌어요
냉장고 숨소리만 간간이 들릴 뿐
텔레비전도 깊은 잠에 빠졌나 봐요
아, 얼마 만에 누리는 혼자만의 시간인지 몰라요
이제부터 생각의 끈도 놓아버리고
잠이나 자야겠어요
며칠이 지났나 봐요
그리움이 목젖까지 찼어요
소리가 그리워져요
두들겨 맞고 싶어요
내가 버려졌다는 생각이 나를 깨웠어요
버려지는 것보다 두들겨 맞는 게 더 행복하네요
살아 있다는 것
그 무엇으로도 대신할 수 없음을
예전엔 몰랐어요
비린내가 가슴을 후벼도
이제는 말할 수 있을 것 같아요

보고 싶었다고, 너희가 있어 외롭지 않았다고
혼자 살 수 없다는 것을
함께할 때는 몰랐어요
버려지는 것보다
고통을 나누는 게 좋다는 것을
알 만한 사람은 다 알고 있겠지요
언제쯤 쫓겨날까, 자신의 자리를 확인하느라
커피 향을 잊은 지 오래된
사람들이 보이네요
시끌벅적하던 시간이 그리워요
내 처지도 잊고 식구들이 돌아오면
달려 나갈지도 모르겠네요

채찍

와장창!
황금여인숙 현관문은
칠흑 같은 어둠을 흔들어놓았다
한여름 담장을 기어오르는 나팔꽃처럼
지칠 줄 모르고 뻗어 나가는 기대,
결전을 앞둔 마지막 전지훈련에서
자리가 뒤바뀌었다

세상이 하얗게 변해버렸다
열여섯 소녀의 손목에 박힌
유리 파편은 코앞의 승리를
절벽 아래로 밀어버렸다

돌아보면
손톱이 빠질 듯 통증 머물러 있는 그 시절,
봄밤의 그리움이 되어
그림자로 읽혀지는 과거가 되었다

운동선수가 시를 써요?

연식정구가 뭐예요?
아픈 과거는 삶의 고비마다
채찍이란 걸 세월이 가르쳐 주었다

요놈, 요놈

요놈, 요놈 워디 있는 겨
워디서 깔짱 대는 겨
첩년처럼 새살거리고
따라댕기더니
이젠 코빼기도 안 보이는구먼
망할 놈의 자슥!
제깟 것이 그런다고 내가 겁낼 줄 알어
생각 없이 살아도
한 세상 사는 건 마찬가진 디
까짓 글 나부랭이나 쓴다고
끙끙거려봤자
심신만 고달픈 걸

고놈 참, 워디 있는 지
숨소리도 들리지 않네 그려
아마도 설을 쇠러 간 것이여
나이 한 살 더 먹어봤자 좋을 것이 뭐 있다냐,
제깟 놈이 나이 한 살 더 먹었다고
바뀔 일은 없고

내 입을 콱 틀어막고 꺼내주지도 않을 텐디

허참, 왜 이리 고놈이 보고 잡냐.
참나, 보일 듯 말 듯
눈앞에 아른거려 쌌네

동동구루무

양파처럼 생긴 그녀가
노래를 부른다
삶의 진한 곡조를
여름날 줄줄이 쏟아지는 땀방울을
단숨에 씻어주는 텁텁한 막걸리처럼
동동구루무 장단은 우리 가슴을 파고들었다

질그릇 같은 그녀의 목소리가
듣는 이의 애간장을 녹인다
행주치마는 새벽잠을 밀치고
조물조물 나물 무치고
된장국 끓여 정을 나누었다
짧은 만남에서 그녀가 살아온 삶의 질곡이
결코 순탄치 않았음을 그래서,
더욱 값진 것이었음을 말하지 않아도 알았다

순간순간 그녀의 몸짓은 시가 되었다
한 여인의 아프고도 아름다운 삶이
동동구루무 어릿장단에 젖어 가슴을 울렸다

사랑

모른 척한다고
편안해질 마음이었다면
그리 마음 아파하지 않았을 것을
아무리 외면해도
금세 살며시 일어나는 걸
누가 알까,

세월이 허락하지 않는
만남이라 해도
마음이 가는 것은
막지 못 하려나
멀리
하얀 손짓이 보인다

시가 있는 풍경

봄이라고,
여기저기 꽃이 피었다고
부풀어 있는 소식을 듣는다
내 자리엔 아직도
풀릴 기미가 없는 빙판
겹겹으로 꼬인 매듭뿐인데

멀쩡하던 하늘에
먹구름이 지나가다
장대비를 쏟아 붓던
어느 여름날처럼,
내게 불어 닥친 황사 바람은
가슴 깊이 쌓여 있다

서걱서걱
모래알이 씹히는가 싶더니
명자 꽃보다 더 붉은 눈물을
삼키게 한다

눈물은 방울방울
시로 일어서더니
텅 빈 뜰 가득 꽃으로 핀다

몸살

너를 만나던 날부터
마음도 몸도
방향을 잃고
떠돌이가 되었다

무엇인지 알 수 없는
세력들이 달려들어
내 일상을 낱낱이 들춰내고
전쟁이라도 난 듯
포성을 울려댔다

대장간의 불빛은 타오르고
오래된 그리움은
새로운 날에 대한 기대로
부챗살처럼 뻗어지는
대장장이의 담금질 소리

시뻘건 불길 속에
내 안의 불순물이
하나 둘 빠져나간다

석남사

산길을 돌고 돌아간다
어디쯤 있을까
마음이 앞서 달려가지만
좀처럼 드러나지 않는다
어느 시인이 노래한 봄날의 양지꽃도 없다
아련한 기억을 더듬으며
지난 삶의 숨소리를 들으러
돌고 돌아가는 산길

물소리 바람 소리가
산사에 울려 퍼진다
등 뒤로
속세의 찌든 때가
흘러내리고
들키듯 감추듯
감겨드는 소리, 소리들
힘든 세상 잠시 내려놓고
하늘을 보라 한다

산을 오른다

산을 오른다
그림자 하나 달랑 데리고
숨 쉴 동안 떨칠 수 없었던
삶의 껍질을 벗어 던지고
네 가슴에 안기려 찾아간다

산을 오른다
너와 내가 믿는 것들이
낯선 얼굴을 하고
어제도 오늘도 모른다 할 때
말갛게 개인 하늘을 보러 간다

산을 오른다
아무리 달려도 끝이 보이지 않아
누군가에게 말하고 싶어도
받아줄 이 없을 때
그림자 하나 달랑 데리고
시원하게 가슴을 씻어줄
바람을 맞으러 간다

그리움

문득
서 있는 자리가 궁금하다
불길처럼 타올라
전국으로 불려다니다
갈 곳을 잃은 관광버스처럼

그대 생각나는 것을
설명할 수 없어
내 마음을 읽지 못하고
밤을 밝히는 날이 간다

너의 이름을 빌려
나에게 던지는 질문
대답할 수 없다는 걸
알면서도 듣고 싶다

너의 이름 부르면
그리움은
푸른 머리를 내밀고 올라오는
새싹처럼 나를 반겨주려나

그리움 · 2

늘 목젖까지 닿는
그리움으로
너와 나의 천국이
봄 강물 위를 거니는
어린 햇빛이어라

끝내 말할 수 없고
보일 수도 없는
바램도
목젖 아린 통증으로
머물다 사라지는
지순한 그리움,

지척에 두고
그리워 말고
차라리 달려가면 되지
그대 손을 잡고 걸어도
언제나
세상은 외로운 길

아마도

절정으로 치닫는 가을
폐부를 파고드는 밤 공기를
가르며 달려오는 택시가
잠든 아파트로 들어선다
가로등 불빛보다
더 붉은 나뭇잎이
발끝에 차인다

몸을 가누지 못하는 사내는
모자라는 택시비를 내러 나온
건장한 아들을 보며
의기양양하다
기사는 넉넉한 웃음으로
사내의 말을 받아준다

아마도 이 가을 고운 단풍에 취했나보다

옥계 휴게소

바다가
길을 막는다
쉬었다 가라 손짓한다
삼삼오오
카메라 렌즈를 향해
포즈를 취하는
허기진 사람들

끊임없이 파도가 밀려든다
잃어버린 내 속의 또 다른 모습이
불길처럼 나를 덮친다

통증

사지를 묶어버릴 참이냐
어림없다
손발을 묶어도
손가락 발가락을 비틀어도
내일은 찾아오고
슬픔이나 고통도
언젠가 꺾일 날이 있을 테니
물보라처럼 사그라지는 날
웃을 수 있으리니

통증 · 2

웃어준 것뿐인데
툭툭 인사나 건네는 줄 알았는데
동, 서, 남, 북
한 뼘씩 넓혀가는 통증의 거미줄에
나는 걸려들었다
시도 때도 없이
콕콕 쑤시다가 망치질도 서슴지 않는
고통의 정체
알 수가 없다
의사도 모르는 원인을 찾지만
눈알을 굴리는 너는 누구란 말인가.

가시

수업 시간 내내
제 이야기만 풀어놓는 아이
철자법도 모르고
한 시간을 설명해도
돌아서면 그만이다

훤한 대낮에도
전깃불을 켜달라며
시도 때도 없이
스위치를 누르는 아이

우리가 있어서 선생님은 돈 많이 벌잖아요?

아이가 무심코 뱉은 한 마디
이 말이 세상 돌아가는 어린 눈의 인심일까
가시가 되어 목에 걸린다

간이역에서
용궁다실
만대포구
전곡항에서
비누
새로움
광장에서
닮은꼴
구름
서해대교를 지나며
삼월에 내리는 눈
봄이오면
봄비
입춘
항아리
안부
좋아한다는 거
너
새해일기

간이역에서

가던 길 멈추고
쉬고 싶은 곳
그대와 함께 했던 시간
어제인 듯 살아나
손잡아 줄 것 같은
낡은 의자에 앉아
무작정 기다리고 싶은

그리움을 쓴다
애닮은 마음일랑
접어두고
그냥 보고 싶다고
함께했던 시간
그 하늘로 가고 싶다고.

용궁다실

그곳에 가면
오래전 짝사랑했던
사람을 만날 수 있을 것 같다

인적마저 뜸한 골목 안
낡은 간판이 아직도 웃고 있는
그곳에 가면
밤마다 달빛 스며들어
가슴을 흔들게 했던

내 안의 우물로
오래오래 샘솟고 있는
그곳
무작정 문을 열고
들어가 보고 싶다

만대포구

해무에 갇힌 바다
갈매기도 보이지 않는다
서서히 안개가 걷히고 눈앞에 나타나는 산봉우리
하나, 둘, 셋 암벽을 기어 올라가면
전생에 살았던 꿈길이 있을까
아이의 눈처럼 맑은 수심
뼛속 깊이 비출 것만 같다

정수리 태울 듯 내리쬐는 햇볕
태초의 침묵으로 머문
바다 가운데 우뚝 솟은 봉우리
세상 이치에 어긋나는 행동이라도
세세한 격식을 차리지 않아도
누가 뭐라 하지 않을 것 같은
태안반도 끝자락 만대, 땅끝 마을
너와 내가 꿈속에 나타나는 그곳일 것만 같아

전곡 항에서

눈이 올 것만 같다
주위는 온통 회색빛이다
정박한 배들은
바람에 흔들리고
나는 낯선 오늘을 읽는다
어수선한 겨울바람
수면으로 내려앉는다
매운탕 진한 국물에 풀어놓는 삶,
왁자한 식당에서 한잔 술로
버거운 현실을 외면하는 사람들
낡은 고깃배처럼
쓸쓸한 내일을 손짓하며
항구는
새로운 일기를 쓴다

비누

비누는
사랑이다

한껏 부풀어 오르다
사라지는

그 사람의 여명 같은
바람이더이다

새로움

새로움이라는 말에
눈물이 난다
내게서 멀어진 것 같아
잊고 살았던 것에 대한 미련일까
눈물이 말랐다고
감정이 죽었다고
애써 외면하며 살았는데
빗소리에 마음 다스리지 못하여
가슴 아려오는 기억에
울음을 삼킨다

광장에서

광장에 앉아
지나가는 사람들을
눈으로 좇는다

컵에 와플을 담아 먹으며
친구와 이야기꽃을 피우는
여학생들의 입담이 싱싱하다

금방이라도
하늘을 날아오를 듯
넘치는 젊음

나도 와플이 먹고 싶다
신부른 치기는 금세 풀이 죽어
광장 밖으로 내몰린다

닮은꼴

손가락 마디마다
풀지 못한 아픔을 감고
우주보다 큰 무게를
두 손으로 받쳐 든
중년의 여인
천형처럼 무거운
김치 통을 감싸 안고
전철 역 계단을 오르고 있다

당신 몸 삭아내려도
자식을 위한 어머니 마음은
무늬도 빛깔도 닮는가보다

구름

이승에서
다하지 못한
우리의 이야기가
떠돌고 있다

너를 사랑하고
나를 사랑하고

우리가 사랑했던
모든 것이
한갓 떠다니는 구름인 것을.

서해대교를 지나며

한가한 서해대교를
건너며
멀리 성냥개비를 세워 놓은 듯
조밀하게 서 있는 아파트가
숨이 막힌다

가을로 가는 길목은
결승점을 앞둔
선수의 숨소리처럼
긴장감이 감돈다

당진항 비릿한 바다 냄새
땀에 젖은 고향냄새 같은
그 꼬리를 잡고
나도 바다 냄새가 된다

삼월에 내리는 눈

그림처럼 눈이 내린다
삼월하늘이 온통
하얗다
달빛에 벙그러지는 박꽃 같은
그녀의 웃음
대지를 감싼다
솜이불 쓰고 써 내려간
연애편지
강물에 내려앉는 눈발처럼
내 가슴을 파고든다

어린 새가 발자국을 남기듯
꽃가지가 눈을 트듯
펑펑 쏟아지는 눈발
백발의 노신사가
어딘가로 전화한다
사랑하지 않고는 견딜 수 없는
열린 마음이 보인다

봄이 오면

봄이 오면
눈빛만 보고도 마음을 읽어주는
정인 하나 갖고 싶다
엉뚱한 오해로 마음 상한 채
등 돌리는 피붙이보다
내 마음 그대로 봐주는
든든한 바위 같은
정인 하나 갖고 싶다

봄이 오면
햇살 같은 소꿉친구 만나
들판으로 나가 긴 날
냉이, 꽃다지, 쑥 바구니 가득 캐던
세월이 앗아간 소중한 추억 만나고 싶다
숯처럼 검은 친구 눈망울
오래오래 더듬고 싶다

봄이 오면
가슴 아리도록 그리웠던

보고 싶은 사람에게
그리움으로 물든 세월의 사진 보내고 싶다

봄비

내가 없어진 줄 알았습니다.
며칠을 앓는 동안
세상은 캄캄한 어둠뿐이었습니다.
곰살맞은 큰아들은 군에 가고
언제부턴가
마음 한구석이 시렸습니다.
몸이 아파도, 집안일이 밀려도
학생들이 말을 듣지 않아도
큰아들의 빈자리가 커 보였습니다.
그럴 때마다 딸이 있었더라면
딸 하나 있었더라면 하는 안타까움이 밀려왔습니다.
친정어머니의 전화를 받는 날이면
내 마음을 읽어줄 딸이 그리워집니다.
말해주지 않아도 속속들이
내 마음을 알고 속삭이는 봄비처럼……

입춘

얼음장 속 버들치
힘찬 몸놀림
팔공산 은해사 계곡
연둣빛 향기
수선스럽다

항아리

부드러운 몸매에
매끄러지는 윤기
갓 세수하고 내민
스무 살 처녀의 얼굴
가만히 다가와 들여다보면
보일 듯 말 듯한 수줍은
솜털마저 보일 것 같다
언제 보아도 넉넉한 품을
선뜻 내어줄 것 같은
먼 세상 그리운 얼굴들
꼭 빼닮은 것이
여간 정이 가지 않는다

안부

갑자기 날아왔었지
등 뒤에 숨어서
날 지켜보았던 것처럼

나의 모든 것을
다 알고 있는
눈빛으로
나를 내려다보면서

조용한 말로
거친 숨결을 잠재우는
날들이 있었고

물먹은 솜처럼 가라앉을 때는
바람 소리로 귓전을 흔들며
나를 일으켜 세우겠지

좋아한다는 거

조건 없이 너에게 향한 마음
멈출 수 없었다고 고백한 적 없지만
마음에 흐르는 꿈은 행복했다
그것만으로도 살아낼 수 있음을
네가 알면 무어라 할까

좋아한다는 거 누가 시키지 않아도
온전히 혼자 할 수 있다는 거
삶이 곤궁하여도, 죽음 같은 절망 앞에도
누군가를 무언가를 좋아할 수 있다면
날개를 펼 수 있음을

좋아한다는 거
너를, 나를, 모두를,
우리가 마지막까지 버리지 않는다는 게 아닐까
좋아하는 마음으로 세상을 바라보면
아픔도, 미움도, 슬픔도, 절망도
연꽃으로 피어 하늘을 마주할 걸

너

접는다, 마 음 을
너에 대한
기억을 붙잡고
그리움을 들추고 싶지 않은 거다
세상 끝나는 날까지
당당해지고 싶은 거다
꽃이 꺾인 줄기에 진물이 번지듯
그래도 꿈결처럼 속삭이는
간절한 눈빛
기억은 제자리에 머물러
하루가 저무는 시간
또 한 번 살며시 묻어둔다
참나무 장작처럼 타올랐다 사라진
젊은 날의 기억
내내 한곳에 서 있는 너는 누구냐

새해일기

세상을 떠안을 만큼 차올랐다
눈앞에 모래성이
쌓이는 줄 모르고
우리는 노래를 불렀다

모든 것은 바람처럼 사라져갔다
너나없이 회한의 눈빛 감추며
들춰낸 진실과 거짓
한갓 꿈이라 믿고 싶다

돌아보지 말리라
시끄러웠던 지난 시간,
이제는 아파할 마음도 남기지 말고
아픔으로 얼룩진 일
하얀 눈 속에 묻어 버리자
상처를 다독이며
낮은 소리에 귀 기울이는
새해 새 아침

4부

동생
전화편지
지나간 시간은 따뜻하다
고깃국을 끓이며
아버지의 독백
성묘
오열하는 당신
고지서
동짓날
흐르고 싶다
벌초
벌초2
늙은 목련
염색
학암포에서
가슴으로 쓰는 편지
고갱이
문경새재를 넘으며
빗장을 걸며
운전면허
그런거야
폭설

동생

밤마다 가슴에 손수건을 달고 초등학생이 되는 꿈을 꾸곤 한다 그때 동생이 나타나 초등학교 입학통지서를 움켜쥐고 놓아주지 않았다 가나다라 가갸거겨 연필심 침 묻혀가며 숙제를 하는 동안 누나의 등에서 동생은 옹알이하다 잠이 들곤 했다

시간은 흘러 누나가 싸준 도시락이 맛있다며 동생은 우등생이 되어 행복을 실어 날랐다 그 동생이 서른넷에 한 쌍의 원앙으로 출발하여 황금 들판을 성큼성큼 걸어갔다 그러나 행복한 집을 짓기도 전에 동생은 다시 혼자가 되었다 서른다섯 젊음이 어둠 속에 웅크린 체 말을 아끼고 생각을 멈추었다

십 원짜리 구릿빛 동전이 고사리 같은 손에서 푸르게 피어날 때 아무도 의심하지 않고 누구보다 행복한 삶을 살 것이라 믿었다 이 봄이 가기 전에 엄마 고향에 가 보려고 해, 누나 이런 봄이 또 안 올 것 같은 생각이 들어서- 동생의 편지를 읽는 누나의 봄은 까맣게 타들어갔다

전화 편지

안부를 묻고 돌아서서 금세 후회를 한다
목소리라도 들을 걸
겨우 서너 행의 문자 안부를 물으며
사람과 사람 사이를
갈라놓는 줄도 모르고
너나없이 손에 들고 다니는 손전화기
딱히 연락 올 곳도 없으면서
하루에 몇 번씩 폴더를 열었다 닫았다
조급증이 밀려온다

등잔불 아래서 연필심에 침을 묻혀가며
삐뚤삐뚤 써내려가던 편지의 주인공도
아릿한 기억 속에 묻어버리고
자판이나 두들겨 안부를 묻고
손전화편지로 마음을 전하는 시대
너와 나의 사랑도 잊혀간다

겨울바람에 꼬깃꼬깃 접은 편지를 건네려고
발을 동동 구르며 골목길을 지키던

그때 그 사람,
잘 지내고 있니?

지나간 시간은 따뜻하다

골목마다 아이들의 숨소리가
꽃처럼 피었다
서낭당 느티나무가 졸음을 참느라
어깨를 늘어뜨린 오후,
고무신 사러 길 떠난 아버지를 기다리다
제풀에 지쳐 깜박 졸았던
긴 돌담 옆 신작로가 사라졌다

달빛은 조용히 모습을 드러내고
한때 승냥이가 내려와
어린아이를 물고 갔다는
할머니 옛이야기로
이불에 지도를 그렸다던 아이들
약속이나 한 듯, 키를 쓰고 돌던 동네

추억의 시간은 봄볕 맞으러
고물고물 기어 나오고
엄마 잃은 아이를 업고 노을을 바라보던
순이 할머니의 그림자가 아름답다

지나간 시간이 따뜻하다

고깃국을 끓이며

햇무 툭툭 썰어 넣고 고깃국을 끓인다
큰 맘 먹고 사온 쇠고기 덩어리째 넣고
초가집 마당을 떠돌던 칠 남매 웃음소리 따라간다

이십 년 불씨 돋우던 가스레인지
세월에 흔들리며 불빛 지키려 안간힘을 쓴다
서른일곱에 첫아들 낳은 기쁨을
동네잔치를 벌였다던
빛바랜 아버지의 이야기도
이젠 숨 쉬는 것조차 힘들다는
노모의 서러운 삶 속에 묻혀버렸다

잠자는 듯 조용히 세상을 떠나고 싶다는
마지막 바람을 모르는
낮달은 중천에 걸려 웃고 있다
생일에나 맛볼 수 있었던 고깃국
아홉 식구 신발짝만큼 불리려고
가마솥 마당에 걸고
배춧잎, 대파 뭉텅뭉텅 썰어 넣던 어머니처럼

보듬지 못할 슬픔이라면
모두 털어 넣고 잊어버리자
펄펄 끓는 가마솥 열기를 떠올리며
뚜껑을 여닫는 동안
허기가 달아나며 던지는 말
잊어버려라, 아픔일랑 잊어버려라

아버지의 독백

유복자로 태어난 아버지는
독불장군이었다
내 앞을 가로막을 자는 없다고
누구든 나와 보라고,
입버릇처럼 말했다

그 말은 우리를 지켜줄 것이라 믿었다
기억이란 난파선 같은 것
영원할 하리라 믿었던 것들은 자취도 없다
우리가 찾으려는 것은 어디 있을까
눈을 뜨고 감을 때까지 나를 믿으며
어린 것들 앞에서 당당하기만 했던
아버지의 독백

기억마저 놓아버린 어머니는 때때로 말한다
독불장군이라더니, 독불장군이라더니,
그렇게 살다 가면서 큰소리치더니
자식들 힘들어도 모른 척하며 뭐하는 거냐고,
세상 마음먹은 대로 되지 않음을 알면서도

우리가 하는 말, 언젠가 그렇게 되리라는
희망을 품고 살아가야 하는가,

삼십 여년 길을 잃고 떠도는
아버지의 독백이 언제쯤 혼자 설 수 있을 것인가

성묘

인차리 공원묘지
당신의 흔적을 더듬다 돌아가는 길
피반령 외진 고개를 넘는다
울렁울렁 멀미가 난다
멀미약을 먹어도
회전목마를 타는 기분이다

수리티재를 넘는다
원두막에서 잠시
눈을 붙이는 사람
가을이 영글어가는 들판
눈 맞춤하며
쉬엄쉬엄 고향 가는 길

일반국도 25번
한산한 도로를 달린다
효자 효부가 없는 동네인가
부모님 모시고 살아가는
진정한 효자들만 살아가는 동네인가

명절 때만 효자가 되어
물밀듯 고속도로를 달리는 귀향길
문득 허공에 빗금을 남기며
쏜살같이 스쳐 가는 비행기가
의심스러운 눈으로 내려다본다

오열하는 당신

칠십 년 꽉 다문 입을 열고
소리치고 싶었을 것이다
세상을 원망하며 울어도 보았을 것이다
남모르게 쌓아온 가슴 속
아픈 사연을 뿌리치면서
견디자고 견뎌야 한다고
아무리 다짐을 해도
끝내 참을 수 없었을 것이다

자신도 모르게
자식도 모르게
시간을 되돌리고 싶을 만큼
가슴 젖은 시절을
풀어내고 싶었을 것이다
남들은 외롭다는 신호라 말하지만
눈앞이 캄캄해지는 현실 앞에서
오열하는 당신
며칠 앓다가 바람처럼 가고 싶었는데
고생시켜서 미안하다고

그렇게라도 풀고 가고 싶은 것일까
마른 가지에 새싹이 돋아나듯
당신 가슴에도 봄이 오는 거라고 믿고 싶다
꽁꽁 언 가슴이 풀리는 소리라고 믿고 싶다

고지서

"육실 헐 눔의 영감탱이
떠난 지가 언젠 디 아직도 움켜줘고 있는 겨"
장독대 항아리 죄다 깨버릴 듯
육두문자 해대던 어머니
전기요금 수도요금 재산세
세상 뜬 지 십수 년
아직도 고지서마다
세대주 자리 지키는 아버지가 아련한가 보다
옆에 계시듯 허공에 대고 흔드는 누런 종이
텁텁한 막걸리 한 사발 들이 킨
아버지 어깨처럼 춤을 춘다
세대주 정정신고만 하면 바뀌는 줄
알고도 모르는 척
어머니 푸념이 쌓여간다
가슴 파고드는 서러운 생각들
모른 척 두고 볼 참이다

동짓날

살면서 덜컥 겁이 날 때가 있다
간절하게 원한 것이 이루어졌을 때
기쁨보다는 어떻게 그다음을 이어갈지
두려움이 더 큰 무게로 가슴 쓸어내린 적 있다

팥죽을 쑤어 액운을 막는다는 동지,
대학합격을 기원하는 기도를 올리고
돌아서는 내게 세상이 벌을 내린 것인지
울먹이는 동생의 전화는
이승과 저승의 중간지점을 오가는 듯했다

아닐 기라고, 그럴 리가 없다고
머리를 흔들어 보지만
더 그게 머릿속을 파고드는
모습에 몸서리를 치면서
행복한 결말을 떠올렸다

일흔두 해 버겁게 살아온 생의 그림자가
마지막 축제를 벌이는 것 같아
가슴이 바짝바짝 졸아들었다

흐르고 싶다

오던 길을 되돌아가고 싶다는
간절함에 몸살을 앓는다
당신 때문에 가슴 아파하는 자식보다
가슴 아프게 하고 떠난
자식의 안부에 안타까워하는
모습을 보며 도망치고 싶다

목에 가시가 걸린 것처럼
하루하루가 살얼음판이다
한밤중 전화벨 소리만 들어도
가슴이 쿵쾅거린다
한순간도 마음을 놓을 수 없다

따끈한 아랫목에 누워
보이지 않는 꿈을 실타래처럼 감아올리던
나만의 세상은 아름다웠다
이제는 돌아갈 수 없는 아득한 시절
문득문득 돌아가고 싶다

생각이 물처럼 흐르면
꿈인 듯 사라져버릴까
방금 말하고도 옛일처럼 까맣게 잊은
노모의 모습을 못 본 척
그냥 물처럼 강으로 흐르고 싶다

벌초

제초기 칼날에 쓰러지는
또 다른 생의 향기가
푸르게 날아오른다
가을 하늘은 코끝을 스치는
푸른 물결에
만남과 이별의 무늬로
하나가 된다

일 년에 한 번
삿갓봉을 바라보며
풀과 산과 하늘이
하나가 되는 날
죽은 자와 산 자들이 어울려
저마다 잃어버린 영혼
먼 전설을 흔들어 깨운다

아득한 기억 속을 걸어 나오는
할아버지 할머니 이야기
살아 있으면서 밀쳐 둔

껍질 속의 얼굴을 드러내며
환하게 조응하는 벌초 길의 풍경

벌초 · 2

날이 선 낫을 휘두르자
꿈쩍도 하지 않을 것 같은
마디 굵은 풀과 자잘한 나무들이
툭툭 쓰러진다
사람의 생도 저렇듯
맥없이 쓰러지려나
졸지에 삭발을 당한
낯선 침략의 땅에
분주하게 먹이를 찾거나
안식처를 얻기 위해
또 새 길을 되찾는다
그래,
삶이란 하나의 몸짓으로
파괴하고 창조하는 일인 것을

늙은 목련

요양원 마당에 활짝 핀
꽃을 바라보는
눈빛이 울고 있다

젊은 날 멀리서 봐도
한눈에 알아볼 수 있었던
고운 자태는
툭하면 화를 내고
소리를 지르는 늙은 목련

노인병원 곱게 가꾼 정원에서
홀로 떨고 있다

염색

언제부턴가
그의 머리칼이 빛나기 시작했다
삶의 버거운 그림자가
정수리를 물들게 했다
내일이면 괜찮을 거야
궁핍한 변명으로 버티고 있는
오늘과 내일이
곳간을 드나드는 생쥐처럼
야금야금 파고들었다

그래도 로맨스그레이라고 우기며
당당하게 현관문을 나서던 그가
아빠를 업고 달리기를 할 수 있을 만큼
아들의 대학등록금 눈치가 보인 탓일까,
농담처럼 던진 그의 한 마디가
비수가 되어 가슴에 꽂힌다

이제 염색해야겠어

학암포에서

둘째가 수학여행을 갔다 동생이 곁에 없어 외롭다는
큰 아이의 처진 어깨 위로 파도가 달려온다

동생의 빈자리가 형에겐 외로움을 느끼게 하나보다
녀석이 흘려놓은 말은 파도에 밀려 끝없이 뒤척이다
거북 등처럼 납작 엎드려 눈치를 살핀다

사랑하는 사람이 생겼으면 좋겠다고 말하는
열다섯 살 사내아이의 외로움은 무엇일까
학암포 파도는 설레설레 고개만 젓는다

가슴으로 쓰는 편지

전화벨이 울리기를 기다렸다
산에 가자는 그이의 말을 못 들은 척
아들의 전화를 기다리는
허기진 마음은
주말 오후를 내내 서성거렸다

이제 그만 저녁을 먹자는
그이의 말을 못 들은 척
전화벨이 울리기를 기다리고 있다
손전화 벨 소리를 최대한 높이고
기다림의 긴 끈을 풀어놓고 있다

언제쯤 울리려나,
아들의 목소리를 기다리는 동안
잦아지는 그리움의 편지를
한 줄 한 줄 받아 적는 가슴에
꽃은 피고 있다

육군 훈련병 4주차 훈련

먼 먼 야간행군은 무사히 끝났을까,
맹호부대, 네가 머문 시공이
어쩜 그리 멀고 긴 시간일까

고갱이

밤새 술 취한 사내에게
모질게 얻어맞고도
아침이면 어김없이
북어를 두들겨 해장국 끓이는
훈이 엄마 이해할 수 없었다

고갱이보다 시퍼런 이파리가 좋다
티격태격하다가도
입이 터져라 쌈 싸먹는 사내가 좋다
그래, 그래
마디없이 부드러운 삶이라면
애간장 녹이는 일 없으랴
죽어라 달려도 멀기만 하고
이 눈치 저 눈치 보면서
부대끼고 상처받는 세상

고갱이보다 시퍼런 이파리를 좋아하고
술 취하면 분에 넘치는 선물도 척척 하는
사내가 있어

애간장 녹이는 세상사 잊고
넘어져도 다시 일어나 주먹을 쥐어본다

문경새재를 넘으며

초나흘 달빛이 조심조심 따라온다
문경새재 넘을 때마다
무작정 터지는 멀미로
홍역을 치르던 일이
엊그제 같은데
벌써 이십 년 세월이
날개 달고 훨훨 날았나 보다

고단한 시집살이 매운 눈물
가슴 속 응어리가
한결 무뎌진 걸 보니
세월이란 물결이던가
바닷물을 털고 날갯짓을 하는
한 마리 새처럼

빗장을 걸며

일 년이 지났다
마음에서 그를 지워버리려
나를 가두고 먼 산을 바라본 지

그러나 바람만 불어도
가슴을 뚫고
그가 다녀가고
밤하늘에 닿은 내 한숨 소리는
뼈를 깎듯
가슴을 후벼 파곤 했다

안부를 물어오는 일이 없어도
밤마다 숨소리가 들려오고
이불 뒤집어쓰고 잠을 청해도
머릿속은 벌집 무늬만 늘어갔다
빗장을 쳤다
그가 생각날 때는 더 단단하게
쾅쾅 소리를 내며 못질을 하였다

운전면허

운전면허 있느냐는 면접관 질문에
쓰린 속을 달래야 했다
지천명이 되어 덜컥 저질렀다
식구들 몰래 필기시험 합격하고
신용카드 일시불 등록했다

브레이크가 뭔지 액셀이 뭔지
온몸이 마비되는 것 같아서
도망치고 싶은 마음은
시간이 지나면서 이력이 붙는다
삶이 고달프고 힘이 들어도
하루 이틀 지나면 면역이 되듯
반복된 훈련은 힘이 되었다

마지막 도로주행 시험
무거운 마음으로 시험장으로 간다
시험관이 부드러운 사람이었으면
아니 도로에 차들이 나오지 않았으면
그래, 피도 눈물도 없다는 실업팀 감독의

지옥훈련도 견딘 내가 아니던가,

운전면허는 중년의 홀로서기였다

그런 거야

생각보다 어렵지 않았다
까짓 꿈이라는 거
이제 없어도 좋다
이제는 마음 아프지 않게
눈물 뿌리지 않고
그렇게 살다가 가는 거야
그래 그런 거야

삼십여 년 만에 만난 친구가 말한다
마음 들볶으며 움켜쥐고 달리지마
숨통 조르지 말고 느긋하게 사는 거라고
다독이는 친구의 위로에 하늘이 열릴까
어쩌다 스스로 서러움에 울어버리는 날
그때는 기억되겠지

접는다는 것
생각보다 어렵지 않다는 거
살아가는 동안 스쳐 가는
고통과 이별 앞에 울어야 한다면

울지 않는 날은 얼마나 될까
그래 그런 거야

폭설

누구도 범접할 수 없는 저 고요
그림처럼
슬그머니 들어가 점이 되고 싶다